普賢菩薩50問

學佛入門 Q&A

法鼓文化編輯部 編著

〈導讀〉

啟動普賢行・念念無間斷

普賢菩薩的願如海深，行似山高，是修學菩薩道的榜樣。人的生命是有限的，卻可以因著普賢行願而無限延展十方三世，與諸佛菩薩同在普賢願海。

與普賢菩薩結下法緣，是在大學一年級暑假參加的「明倫大專佛學講座」，當時完全沒有佛學基礎，課程內容也早已不復記憶，唯獨對會性法師所講授的「普賢十大願王」，留下了深刻印象。

攻讀研究所時，雖然選擇以華嚴做為畢業論文題目，卻遲遲不知如何下手。因而報名參加了聖嚴法師所主持的禪七，想藉此以助撰寫論文。於禪七的第三天早晚課，聽到大眾唱誦「普賢十大願王」時，彷彿觸電似地，忽然領會華嚴所要表達的「一即一切，一切即一」道理，原來就在「普賢十大願王」中，於每一願以「盡虛空、遍法界」、「念念相續，無有間斷，身語意業，無有疲厭」來踐履之，如第一願「禮敬諸佛」，則呈現出所禮敬的對象無盡、能禮敬者無盡、時間無盡、空間無盡⋯⋯，一切的一切，於一念中，莫不頓現無盡無盡。「禮敬諸佛」如此，其餘如「稱讚如來」乃至「普皆迴向」，亦莫不如此呈現無盡無盡。

如此無盡無盡的普賢願行，深深地影響了個人對《華嚴經》、華嚴宗教理之了解，個人不僅完成了研究所的碩士論文、博士論文，乃至後來所撰寫的《華嚴無盡法界緣起論》一書，皆來自於此無盡無盡觀念的啓動。因此，個人深深覺得是普賢菩薩帶領我走入了華嚴。

另外，由於教授「天台學」課程之關係，得知普賢菩薩不僅於《華嚴經》扮演極重要之角色，且於《法華經》擔任了極重要之任務。

在《華嚴經》中，普賢菩薩是整部《華嚴經》的靈魂人物，乃至《華嚴經》末後一品〈入法界品〉，描述善財童子參訪五十三位善知識，最後非參訪普賢菩薩不可，且善財童子抱定決心務必見普賢菩薩，於其見普賢菩薩的當下，於一毛孔中，頓現重重無盡法界，而此乃善財童子之前所參訪的眾多善知識遠遠所不及的，如《華嚴經》〈入法界品〉云：「爾時，善財童子經由親近一佛世界微塵等諸善知識所得功德，於見普賢菩薩所得功德，百分不及一，百千萬分乃至算數譬諭所不能及。何以故？善財童子於念念中，入不可說不可說佛世界海，得不可說不可說微塵等諸功德藏。」

在《法華經》中，於最後一品〈普賢菩薩勸發品〉，說明了普賢菩薩於五濁惡世守護流通《法華經》：「爾時普賢菩薩白佛言：『世尊！於後五百歲、濁惡世中，其有受持是經典者，我當守護，除其衰患，令得安隱，……是人若行、若立，讀誦此經，我爾時乘六牙白象王，與大菩薩眾俱詣其所，而自現身，供養守護，安慰其心，亦爲供養《法華經》故。是人若坐思惟此經，爾時我復乘白象王現其人前……。』」

由前述可知，普賢菩薩於《華嚴經》、《法華經》皆擔任了極重要之任務。同樣地，於中國佛教中，依此兩大經，成立了兩大宗——天台宗、華嚴宗，且此兩大宗之修行法門，皆與普賢菩薩有密切之關係。

如天台宗南嶽慧思大師因讀誦《法華經》，證得法華三昧，而感得普賢菩薩騎六牙白象摩頂。智者大師其本身亦證得法華三昧，且依《法華經》、《觀普賢菩薩行法經》等，撰《法華三昧行法》，於六根懺中，則以普賢菩薩為懺悔主。華嚴宗初祖杜順和尚，則是一位道道地地的普賢行者，華嚴宗三祖法藏大師撰《華嚴經普賢觀行法門》，詳細說明普賢觀法、普賢行法，且其誓願生生世世修普賢行，如《宗鏡錄》卷一百云：「華嚴疏主藏法師發願偈云：誓願見聞修習此，圓融無礙普賢法，乃至失命終不離，盡未來際願相應。以此善根等法性，普潤無盡衆生界，一念多劫修普行，盡成無上佛菩提。」

普賢菩薩不但深深地影響了天台宗、華嚴宗之修行法門，事實上，無論顯教、密教，普賢行願都是每個佛教徒的必修功課。誠如《華嚴經行願品疏鈔》所言：「若不以普賢觀行之力，如何得念念不斷？」謹以此與大衆共勉之！

陳英善
法鼓山中華佛學研究所專任研究員

目次

1 相信普賢導航成佛

2 認識普賢廣大行願

3 學習普賢有方法

4

成為普賢實踐家

1

相信普賢導航成佛

Question

01

何爲大行普賢菩薩的「大行」？

「一者禮敬諸佛，二者稱讚如來……」、「是日已過，命亦隨減，如少水魚，斯有何樂……」，佛教徒耳熟能詳的「普賢十大願王」和〈普賢警眾偈〉，是佛門每日早晚課誦的必修功課。在朝暮課誦梵唄中，普賢菩薩彷佛日日提醒著修行者，在菩薩道上行願不倦的重要。

成就萬行的行動家

以「大行」聞名的普賢菩薩，是一位勇於實踐理想、成就萬行的行動家，他以過人的行動力和堅忍毅力，證入最接近佛果的位置；而普賢行願也像一部成佛指南，啓發著菩薩行者念念生起善願，時時踏實修行。

（釋常鐸　攝）

在佛教的四大菩薩中，普賢菩薩以「大行」爲菩薩本色。所謂的「大行」，聖嚴法師於《〈普賢菩薩行願讚〉講記》提到：「難行能行，修學萬善萬行的大菩薩行，稱爲『大行』。」由於普賢菩薩發起莊嚴國土、成就衆生的十大願，而被稱爲「普賢願王」，在實踐上是「以願導行，以行踐願」，也就是以十大願王爲指導方針、修行根本，努力實踐菩薩行，即是在弘揚普賢菩薩的行願法門。

普賢行即是菩薩道

修學普賢行願，在修行道路上只要能行一分，就是一分「普賢」，就是普賢行者——普賢菩薩的隨行者。如何當個普賢行者，學習普賢菩薩精進道業呢？

普賢菩薩的十大願是修行的主要功課，也是實踐菩薩道的指引，揭示了修行的根本方法，而「普賢行」主要的落實方法是布施、持戒、忍辱、精進、禪定、般若、方便、願、力、智的十度正行。

普賢菩薩的大願是利益眾生，讓眾生解脫煩惱、證得佛道，這是普賢行者要力行、隨喜的，在法門的修持方式上，也如同其他諸大菩薩一樣，包括稱名、持咒、誦經等，只是隨著不同佛教宗派傳承而有所異，然而〈普賢行願品〉則是所有普賢行者共同奉行的圭臬。

普賢菩薩是我們成佛之道的心靈導師，引領我們循序走過信、解、行、證的每一段里程。普賢菩薩教導我們，修行的當下就是圓滿的佛果，無論成佛之道有多遙遠，只要當下實踐，就能走出一片淨土世界！

Question

02

什麼是普賢十大願王？

「普賢十大願王」即是「普賢行願」，又稱「普賢願海」，出自《華嚴經．入不思議解脱境界普賢行願品》。十大願為普賢菩薩告訴眾菩薩及善財童子，如果想成就殊勝的如來功德，所應該修學的十種廣大行願。

普賢十大願王

普賢菩薩的十大願，包括：1.禮敬諸佛，2.稱讚如來，3.廣修供養，4.懺悔業障，5.隨喜功德，6.請轉法輪，7.請佛住世，8.常隨佛學，9.恆順眾生，10.普皆迴向。每一大願皆是：「窮未來際，相續不斷，盡於法界，無不周遍。」「念念相續，無有間斷，身語意業，無有疲厭。」如果能夠不斷力行十種行願，將能圓滿普賢菩薩的諸行願海。

（釋常鐸　攝）

成佛必須修普賢行

圓滿佛道必須修普賢行，而普賢行要落實於普賢十大願王。普賢行的特色為心量廣大、永不疲厭，我們可以透過實踐普賢行願，拓寬自己的心量，不再終日為一己煩惱所困，而能如普賢菩薩心心念念皆為眾生，盡虛空、遍法界，並展開守護一切眾生的行動。因此，普賢行是眞正圓滿的大行，我們只要實踐行願，便能與普賢菩薩同行佛道。

Question

03

諸佛菩薩皆發大願，爲何特尊普賢菩薩爲普賢願王？

相較於阿彌陀佛的四十八願、藥師佛的十二大願，普賢菩薩僅提出十個大願，爲什麼卻能被尊稱爲「普賢願王」呢？

廣大願海重重無盡

諸佛菩薩皆有願有行，但是佛教提及「行願廣大」，會以普賢菩薩爲代表，原因正在於「普」字。普是從任何一點觀察都能向外延伸至無限大，同時也可以向內達到無限小，成爲一即一切、一切即一的華嚴玄境。因此，普賢菩薩的十大願，「十」字並非只是字面上的意義，而是包含重重無盡的廣大願海。

而普賢菩薩行願的祕訣，正是緊扣「普」字而來。在〈普賢行願品〉中，普

（釋常雲　攝）

賢菩薩告訴善財童子，他恆以無盡願來貫徹十大願，唯有虛空界盡，眾生界盡，眾生業盡，眾生煩惱盡，普賢行願才能圓滿。然而，虛空如何能盡？眾生的煩惱如何斷盡？普賢的行願可說沒有窮盡的一天，因此普賢菩薩再發願，無論是禮佛、供養、懺悔、迴向、發願，都還要做到「三業無間」：念念相續，無有間斷，身、語、意業沒有疲厭。

一念善願入普賢願海

乍聽之下，普賢願海浩瀚無邊，似乎是一般人所無法觸及的崇高境地？其實佛教徒的日常行事與菩薩心地的鍛鍊是分不開的，舉手投足都可以發願，善護自己的身、語、意，例如：刷牙洗臉時，願眾生都能聽聞清淨法；看到馬路上坑坑洞洞，則願眾生捨棄不正道、斷除惡見；即便爬山下坡時也能發願，願眾生心地謙下、善根增長……，當我們提起一念善願，便已經進入普賢願海，開始行普賢願了。

Question

04

普賢行願爲何要「以願導行，以行踐願」？

所謂的「行願」，簡單來說是修行與發願。普賢行願的「行」字，即是實踐佛法；「願」字，是發起上求無上佛道、下度無邊眾生的心願。

諸佛菩薩在因地修行時，必須要發成佛的大願，名爲發起大菩提心，簡稱發心。「願」又可分爲「通願」和「別願」，例如〈四弘誓願〉是一切諸佛菩薩必發的「通願」；而普賢菩薩的十大願、藥師佛的十二大願、阿彌陀佛的四十八願，則都是「別願」。

行願是普賢法門

普賢法門涵括一切法門，修普賢行即修一切佛法，但是修行與發願必須相

（李澄鋒　攝）

符，才是普賢菩薩精神。聖嚴法師於《學術論考》中說：「普賢菩薩的法門，稱為大『行』及大『願』，連稱為『行願』。光有『行』，可以成就法性身土，加上了『願』，才能成就他受用的報土及化土。」因此，欲修學普賢法門成就佛道，行與願密不可分，必須以願導行，以行踐願。

以願導行，以行踐願

如同永明延壽禪師於《萬善同歸集》所說：「有行無願，其行必孤；有願無行，其願必虛；行願相從，自他兼利。」發願與行願如鳥之雙翼，不可分割。只發願卻不實踐，所發的僅僅是空願，無法成事；不發願的任性而行，所做的將漫無目標，無法堅持。必須行願相從，才能實踐普賢大行，圓滿自利利他的大願。如果我們能將發願和行願結合起來，以願導行，以行踐願，時時發願，處處實踐，成佛之道必然水到渠成。

Question 05

普賢行願在《華嚴經》有何重要性？

《華嚴經》在諸大乘經典中，是除了六百卷的《大般若經》外，部帙最大的一部，被天台宗和華嚴宗都判爲圓教，也就是圓滿的大教，華嚴宗更以此經爲根本教典。而普賢行願是《華嚴經》的重要內容，〈普賢菩薩行願讚〉也被視爲《華嚴經》的心要。

普賢行願在《華嚴經》占有重要的地位，《華嚴經》的三種譯本皆有普賢行願，但是三者內容不同，而且只有《四十華嚴》有「十大願王」。

1. 《六十華嚴》：《華嚴經》六十卷本，又稱《舊華嚴》、《晉經》，東晉佛馱跋陀羅三藏所翻譯，第三十三卷即〈普賢菩薩行品〉。

2. 《八十華嚴》：《華嚴經》八十卷本，又稱《新華嚴》、《唐經》，唐代

（梁忠楠　攝）

實叉難陀三藏法師所翻譯，第四十九卷即〈普賢行品〉。新譯的《八十華嚴》比舊譯的《六十華嚴》文辭流暢，義理更周，所以流通較廣。

3.《四十華嚴》：《華嚴經》四十卷本，全稱〈大方廣佛華嚴經入不思議解脫境界普賢行願品〉，簡稱〈普賢行願品〉，唐代般若三藏所翻譯，最後一卷即是有十大願王的〈普賢行願品〉，常做單行本流通。《四十華嚴》僅有〈入法界品〉一品，是新、舊兩譯《華嚴經》的〈入法界品〉別譯，內容記述善財童子五十三參，而成就普賢行願。

《華嚴經》又稱為《普賢經》，《華嚴經》自始至終皆是解說普賢行，因地以普賢行悟菩提，成佛果地恆行普賢行願，無有窮盡。《華嚴經》的宗旨為說明成佛道的因緣果報，普賢菩薩代表著由菩薩因行而證入佛果法界。《華嚴經》的普賢菩薩行願，是普賢菩薩在無數劫發菩提心、行菩薩道的歷程，可以說普賢行就是菩薩行，普賢行願就是成佛之道。

Question 06

什麼是十種普賢心？

欲成佛道，需先發菩提心，而發普賢心即是發菩提心。《華嚴經》認為菩薩摩訶薩要發十種普賢心，包括：

1.發大慈心，救護一切衆生故。
2.發大悲心，代一切衆生受苦故。
3.發一切施心，悉捨所有故。
4.發念一切智爲首心，樂求一切佛法故。
5.發功德莊嚴心，學一切菩薩行故。
6.發如金剛心，一切處受生不忘失故。
7.發如海心，一切白淨法悉流入故。
8.發如大山王心，一切惡言皆忍受故。
9.發安隱心，施一切衆生無怖畏故。

（釋常雲　攝）

10.發般若波羅蜜究竟心，巧觀一切法無所有故。

《華嚴經》並說：「若諸菩薩安住此心，疾得成就普賢善巧智。」我們如果能修習長養普賢心，將能快速成就普賢菩薩的善巧智。

Question

07

什麼是普賢七海行？

普賢願海廣大無邊，從普賢七海行可以得知，普賢行是十方三世的一切如來所行，普賢菩薩則是含攝無量諸佛所行的一位菩薩，而得到「大行普賢願王菩薩」的敬稱。

無量大願和無盡大行

普賢七海行出自〈普賢菩薩行願讚〉：「普令清淨剎土海，普能解脫衆生海，悉能觀察諸法海，及以得源於智海，普令行海咸清淨，又令願海咸圓滿，諸佛海會咸供養。」

聖嚴法師於《〈普賢菩薩行願讚〉講記》一書裡，解說這段讚文的七海意思爲：「普賢菩薩能普令深廣如大海的一切世界得清淨，能普令繁多如大海的一切眾生得解脫，能普遍觀察深奧如大海的一切諸法，能夠探源尋底宏深廣如大海的智慧寶藏，能普令豐富如大海的一切菩薩行皆得清淨無染，又能普令宏大如大海的一切大願都圓滿，能對一切無盡如大海的諸佛如來廣修供養。」普賢七海行如此浩瀚無垠，難怪聖嚴法師要深深讚歎：「一般所說菩薩道的六度萬行，尚不足以表達普賢菩薩無量大願、無盡大行的百千萬分之一。」

以普賢行悟菩提

〈普賢菩薩行願讚〉的讚文並總結七海行說：「普賢行劫無疲倦，所有三世諸如來，菩提行願眾差別，願我圓滿悉無餘，以普賢行悟菩提。」意即這樣的普賢七海行，無論經過多長的時劫，都不會疲勞厭倦而生退志。所有三世一切諸佛因地所修的菩提行願，雖然有眾多的差別，對我普賢行願的實踐者而言，但願圓滿修行一切諸佛的菩提行願，才算是以修普賢行，來悟入無上菩提的人。

如果我們面對人生苦海，能學習普賢七海行，將能讓短暫一世人生路，因著發願大行而超越苦樂、超越生死，生生世世乘願而行，直至圓滿佛道。

Question

08

什麼是普賢十忍？

十忍是菩薩斷無明之惑，證得諸法本來寂然時，所得的十種安住心。普賢菩薩於《華嚴經．十忍品》，為菩薩提出「十忍」，如果能修得此十忍工夫，能得一切無礙忍地，又得一切諸佛無盡無礙之法。

所謂的十忍，包括：

1.音聲忍：又作隨順音聲忍、隨聲忍。聞說一切眞實法不怖畏，能信解受持，愛樂順入，修習安忍。

2.順忍：如實觀察諸法而無違，隨順了知，令心清淨。

3.無生法忍：簡稱無生忍，即觀一切法無生、無滅，平等寂靜。

4.如幻忍：觀一切法皆如幻，一備一切，一切成一，因緣虛集無定性。

5.如焰忍：覺悟一切世間如熱時之焰，為誑相之虛集，無有眞實。

6.如夢忍：解知一切世間如夢中所見，非有非無，不壞不著。
7.如響忍：善覺究竟彼岸，知一切法皆如響，不從內出、外出、內外出，但從緣起，而亦能以種種巧便說法。
8.如電忍：又作如影忍。菩薩照見一切法，如電光照諸色像，無有分別。
9.如化忍：菩薩知一切法非有非無，如世之化法，故不取不捨。
10.如虛空忍：又作如空忍。如虛空的寂無所有、清淨體性、平等無差別、不生不滅，菩薩知一切法亦復如是。又菩薩的心如虛空無所分別，於一切法無所不容，菩薩的身、口、意如虛空般廣大無邊、不生不滅。

（李澄鋒　攝）

Question

09

普賢行者具有哪十種威力？

如〈普賢菩薩行願讚〉所言：「以神足力普迅疾，以乘威力普遍門，以行威力等功德，以慈威力普遍行，以福威力普端嚴，以智威力無著行，般若方便等持力，菩提威力皆積集。」修持普賢行願的菩薩行者，會擁有十種威力：

1. 神足威力：能於同一時間，普遍快速顯現十八種神通變化。
2. 乘威力：能以大、小諸乘的佛法，普門示現於眾生前。
3. 行威力：能行菩薩道的一切行，具足菩薩的一切功德。
4. 慈威力：能於同一時間，普遍救拔無量眾生。
5. 福威力：能以富貴福德力，隨時隨處成為眾生的依怙。
6. 智威力：對於一切事理都有決定了知的精神作用。
7. 般若威力：能有智慧威力。

（李澄鋒　攝）

8.方便威力：能有化度衆生的種種權巧。

9.等持威力：能有禪定威力。

10.菩提威力：發菩提心，成就佛道，能斷煩惱而證涅槃。

普賢行者因具有這十種威力，往昔所造的一切業力都得以清淨了，一切的煩惱力都被摧滅了，一切的魔力都被降伏了，普賢菩薩的一切力量也都圓滿了。

Question

10

爲何修行必修普賢行願？

普賢行願，是「以願導行，以行踐願」，是「以大悲行爲立足點，以大弘願爲總方向」，我們實踐菩薩行，應當修學與推廣普賢菩薩的行願法門。

普賢行願導航菩薩道

普賢菩薩雖然願行廣大，但並不是高高在上、遙不可及，而是與我們相應同在的。例如：《華嚴經．普賢行願品》記錄了普賢菩薩從初發心到成佛的每個階段，分享修學佛法的經驗；而在《法華經》裡，普賢菩薩則發願，如果有人至誠讀誦《法華經》，他將乘著六牙白象王，與諸大菩薩一起現身守護修行者。

無論普賢菩薩的造像與信仰內涵有何發展變化，但〈普賢行願品〉跨越顯、密各宗，仍是各個傳統普賢行者的共同印記。

如同華嚴四祖澄觀大師曾讚歎〈普賢行願品〉是「華嚴關鍵，修行樞機」，不僅深受歷代祖師推崇，近代印光大師將它列爲「淨土五經」之一，鼓勵淨土宗行者修持，弘一大師、夢參長老也把〈普賢行願品〉當作每日定課，誦持不輟。

以願導行的妙智力量

於〈普賢行願品〉中，普賢菩薩開宗明義告訴善財童子，若要成就佛的功德，必須修十種廣大願行，因此「十大願王」又被視爲〈普賢行願品〉的心要。而普賢菩薩之所以能證入妙覺位，也就是最接近佛果的位置，除了行之勤、行之久的願行，十大願王也充分展現普賢菩薩在菩薩道上難行能行、難忍能忍的妙智力量！

例如：透過「禮敬諸佛」調伏慢心，學習謙和包容；遇到煩惱、不開心的事，便以「隨喜功德」的大願轉化嫉妒、熱惱；「懺悔業障」則是隨時檢討，修正行為；「廣修供養」和「普皆迴向」的大願則讓我們練習放下自我、學會分享……。

十大願不僅指引精進修行的方向，也幫助我們懂得彈性變通，成為調伏自己也成就他人的菩薩行者。

（江思賢　攝）

2

認識普賢廣大行願

Question 11

普賢菩薩的名字意義爲何？

由於普賢是所有菩薩當中，修證最接近聖位佛果的一位菩薩，他不但能斷斷一切迷惑，而且能普應十方，做一切方便，所以傳入漢地後，被尊稱爲「普賢」，以彰顯「普遍圓滿，萬善萬行」的德行。

而溯源普賢菩薩的梵語名字有二，一是Samantabhadra，音譯是三曼多跋陀羅，二是viśvabhadra，音譯是邲輸跋陀，兩個名字皆可意譯爲普賢、遍吉。

對於普賢一名的解釋，歷代有不同見解，唐代宗密法師於《大方廣圓覺修多羅了義經略疏註》提供三種解說：

1. 約自體說：體性周遍曰普，隨緣成德曰賢。
2. 約諸位說：曲濟無遺曰普，鄰極亞聖曰賢。

（釋常鐸　攝）

3. 約當位說：德無不周曰普，調柔善順曰賢。

《峨眉山志》則有言：「《大日經疏》云：『普賢菩薩者，普是遍一切處，賢是最妙善義。謂從菩提心所起願行，及身口意三業，皆遍一切處，純一妙善，備具衆德，故以爲名。』蓋此菩薩，從根本智發廣大願，以萬善莊嚴，一一周遍法界。所謂全性起修，全修在性，圓滿菩提，歸無所得，故名普賢也。」

這些解釋普賢菩薩名字的說法，皆傳達出了歷代祖師對普賢菩薩的崇高禮敬意，而菩薩名字的美好寓意與萬德莊嚴，皆值得我們學習。

Question

12

普賢菩薩身世成謎嗎？

普賢菩薩是常見的重要菩薩，但是佛教經典很少記載他的身世。

隱藏佛身，現菩薩身

《峨眉山志》便說：「普賢菩薩，證窮法界，久成正覺。為輔弼釋迦，度脫眾生，隱本垂跡，現菩薩身。其德無量無邊不可思議，名號亦無量無邊不可思議。」普賢菩薩其實在久遠劫就成佛了，但是為了要度化眾生，隱藏佛身，而現菩薩身。

而根據大乘經典裡的普賢菩薩資料，主要參考說法有三種：

1. 一切諸佛的長子：《華嚴經》說：「一切如來有長子，彼名號曰普賢尊。」

（釋常鐸　攝）

2.阿彌陀佛的兒子：《悲華經》說，普賢菩薩是阿彌陀佛成佛前的第八子，寶藏如來授記他，未來將成為智剛吼自在相王如來。

3.來自寶威德上王佛國：普賢菩薩於《法華經》向佛陀說：「世尊，我於寶威德上王佛國，遙聞此娑婆世界說《法華經》。」

由此可推論普賢菩薩來自寶威德上王佛國淨土。

百千身形，度化六道

無論普賢菩薩示現佛身或菩薩身，皆心懷眾生，重要的不是他的身世傳說，而是我們能否依著普賢行願而行。《地藏菩薩本願經》提及普賢菩薩亦化百千身形，度於六道。因此，我們學習普賢菩薩大行精神，除了上求佛道，也應無畏生死，願為眾生來去六道、來去自在。

Question

13

爲什麼普賢菩薩是一切諸佛的長子？

通常長子的責任就是要繼承家業，所以普賢菩薩爲諸佛長子，也就是要荷擔如來家業，將於佛涅槃後繼承佛位。佛是大聖，而普賢菩薩被稱爲亞聖，即是他的道行接近佛，能助佛弘化。

佛教眾菩薩學習普賢行

普賢菩薩爲諸佛長子的說法，可參見《華嚴經》：「一切如來有長子，彼名號曰普賢尊，我今迴向諸善根，願諸智行悉同彼。」普賢菩薩遍身十方諸佛世界，常爲諸佛座下的法王子，不只《華嚴經》說：「普賢行願威神力，普現一切如來前。」《楞嚴經》也記載普賢菩薩曾爲多如恆沙數的諸佛法王子，十方諸佛皆以普賢爲榜樣，教眾菩薩學習普賢行。

普賢真身遍法界

《大方廣佛華嚴經普賢行願品別行疏鈔纂要卷》的疏文說：「言長子者，最尊勝故。〈出現品〉亦云，誰是如來法長子故。若表法界者，既表法界，先萬物生，無過此故。如有偈云：『普賢眞身遍法界，能爲世間自在主。無始無終無生滅，性相常住等虛空。』既無有始，即是長義。不捨因行，故為佛子。」

普賢菩薩爲諸佛長子，是因爲他最爲尊勝，具有超勝的功德，能圓滿十方三世一切菩薩的行願。佛有三身：法身、報身和化身，法身佛遍滿虛空無法言說，而普賢菩薩是法身佛的具象化顯現，所以爲諸佛長子。

Question 14

文殊菩薩和普賢菩薩是兄弟嗎？

文殊菩薩和普賢菩薩不但曾是兄弟，觀音菩薩和大勢至菩薩也是他們的親兄弟，他們的父親是阿彌陀佛。

佛前同發大願

《悲華經》記載，在刪提嵐世界，有一位名爲無諍念（即阿彌陀佛）的轉輪王，他有一千個兒子，第一太子名不眴（即觀音菩薩），第二王子名尼摩（即大勢至菩薩），第三王子名王衆（即文殊菩薩），第八王子名泯圖（即普賢菩薩）。由《悲華經》的敘述可知，普賢菩薩和文殊菩薩等大菩薩，皆具有廣大願心，所結的十方法緣深廣不可思議，超越了血緣的手足之情。

（梁忠楠　攝）

舍利弗與目犍連的理想化

據印順長老於《佛教史地考論》一書的研究，他認爲文殊菩薩與普賢菩薩，其實是舍利弗尊者與目犍連尊者的理想化，推測的原因爲：

1. 文殊、普賢爲毘盧遮那佛的脇侍，代表佛陀弘化。

2. 「大智文殊，大行普賢」，簡要表示二位菩薩的德性，而此德性即是舍利弗與目犍連的德行。

3. 文殊乘獅子，普賢乘白象，皆與舍利弗與目犍連有關。不但《阿含經》有舍利弗獅子吼傳說，目犍連尊者有白象傳說，《大毘婆沙論》並記載：「舍利子般涅槃時，入師子奮迅等至。大目犍連般涅槃時，入香象嚬呻等至。」印順長老因而說：「舍利弗與目連二尊者，依著這師子奮迅，香象嚬呻定而入涅槃；文殊與普賢二大士，即坐著獅象而出現人間了。」

除此之外，印順長老還認爲文殊、普賢與梵王、帝釋有關，梵王、帝釋爲釋尊脇侍，和文殊、普賢爲毘盧遮那佛脇侍，有非常一致處。而在釋尊爲中心的人間教化，「雙賢弟子」是舍利弗與目犍連。「梵王與帝釋，也綜合了舍利弗與目犍連的德性，融鑄成文殊與普賢二大士。」

無論文殊、普賢兩大菩薩，是否爲佛國親兄弟或僧團師兄弟，最重要的是他們的大智、大行，啓發了無數佛弟子，而能同入如來家。

Question

15

普賢菩薩爲何是華嚴三聖之一？

普賢菩薩與文殊菩薩同爲毘盧遮那佛的兩大脇侍，合稱「華嚴三聖」，代表《華嚴經》的「華藏世界」三大聖者。其中，文殊代表智慧、普賢代表行願；如果能夠效法文殊和普賢菩薩，從智慧、行願二途入門學習，將能進入成佛的華嚴境界。

而二位菩薩搭檔出場的先後，通常是由文殊先請法，普賢最後才現身，在在彰顯著佛道的成就，除了以智慧爲先導，還要修學種種法門，以普賢行願做爲實踐大乘菩薩道的究竟。因而在《華嚴經》中，文殊菩薩屬於穿針引線的角色，眞正展現菩薩精神的則是普賢菩薩。

（倪善慶　攝）

Question 16

普賢菩薩與極樂淨土有何關係？

普賢菩薩於《華嚴經》裡發願說：「願我臨欲命終時，盡除一切諸障礙，面見彼佛阿彌陀，即得往生安樂刹。」由於普賢菩薩發願要往生極樂世界，所以《華嚴經》導歸極樂，影響了很多華嚴宗學者修持彌陀念佛法門，而〈普賢行願品〉也被列入「淨土五經」。

親見阿彌陀佛

普賢菩薩不但發願往生極樂，並且也殷殷鼓勵菩薩們往生極樂，如〈普賢菩薩行願讚〉便說：「當於臨終捨壽時，一切業障皆得轉，親睹得見無量光，速往彼刹極樂界。」修持普賢行願、讀誦〈普賢菩薩行願讚〉的菩薩行者，到了臨命終時，一切往昔所造的罪障，都能轉變為往生阿彌陀佛淨土的資糧，親自面見無

（梁忠楠　攝）

量光佛（阿彌陀佛）前來接引，於剎那之間往生極樂世界。

〈普賢行願品〉也說臨命終時應該：「唯此願王，不相捨離，於一切時，引導其前，一剎那中，即得往生極樂世界，到已即見阿彌陀佛、文殊師利菩薩、普賢菩薩、觀自在菩薩、彌勒菩薩等，此諸菩薩色相端嚴，功德具足，所共圍繞。其人自見，生蓮華中，蒙佛授記。」

引領眾生同登極樂淨土

普賢菩薩於〈普賢菩薩行願讚〉並說：「我獲得此普賢行，殊勝無量福德聚；所有群生溺惡習，皆往無量光佛宮。」在得到殊勝的普賢行願、殊勝的福德寶藏後，願以此迴向給仍沉溺在惡習煩惱的一切眾生，都能往生無量光佛的極樂寶宮。由此可知，普賢菩薩可說是極樂淨土法船的領航者，以種種善巧方便勸人廣修普賢行，同登極樂淨土。

Question
17
普賢菩薩如何證得耳識圓通？

《楞嚴經》記載，釋迦牟尼佛曾在楞嚴會上，問在座的各大菩薩、大阿羅漢：「您們最初是用哪個根、塵、識做為圓通法門？又以何方便而悟入三摩地？」大家共說出了二十五種入道法門，總稱「二十五圓通」，包括：六根——眼根、耳根、鼻根、舌根、身根、意根；六塵——色塵、聲塵、香塵、味塵、觸塵、法塵；六識——眼識、耳識、鼻識、舌識、身識、意識，以及七大——地大、水大、火大、風大、空大、見大、識大。

用耳識修圓通法門

由此因緣，普賢菩薩說出他最初修習悟道的圓通法門是「耳識圓通」：「心聞發明，分別自在，斯為第一。」即是用耳識，以心聞的方法來分別一切，發出

（李澄鋒　攝）

自性的智慧光明，普照群機，而得大自在，普賢菩薩認爲這是首要的法門。

普賢菩薩用耳識來修圓通法門，入定後以心意識聽聞，修成以後，對於無量十方世界所有一切，都能聽得清清楚楚，因此而得大悟。這是普賢菩薩所特別成就出的耳識圓通。

以普賢菩薩為榜樣

普賢菩薩並說他曾爲恆沙如來法王子，十方諸佛都以普賢菩薩爲榜樣，要菩薩衆修普賢行。此一法門因爲是由普賢菩薩所建立的，所以稱作普賢行。

我們除了心羨讚歎普賢菩薩的修行，更要見賢思齊，好好用心修普賢行。

Question 18

普賢信仰如何流傳中國？

第一位將普賢菩薩介紹到中國的，是西晉譯經居士聶道眞，他所翻譯的《三曼陀跋陀羅菩薩經》，將「普賢」音譯作「三曼陀跋陀羅」。而「普賢菩薩」一名則要到西晉太康七年（西元二八六年），竺法護法師所譯出的《正法華經·樂普賢品》才出現。

遍布中國各宗

〈樂普賢品〉爲普賢信仰提供了理論基礎，確定普賢菩薩在佛教的重要地位，之後《法華經》經由鳩摩羅什法師的再譯與流布，讓普賢菩薩得到中國佛教徒的普遍信仰。

天台宗的弘法，也對普賢信仰產生推波助瀾的作用，隋初的慧思大師和智者大師以《法華經》爲根本經典，創立天台宗。智者大師十分重視普賢信仰，所撰著《法華三昧懺儀》、〈普賢菩薩發願文〉等，成爲天台宗所依循的教義。

《華嚴經》的流布、華嚴宗的興起，也對普賢菩薩的傳播具有關鍵影響。例如般若三藏翻譯的《四十華嚴》，又稱〈普賢行願品〉，帶動了「普賢十大行願」的廣泛傳播，成爲佛教徒基本課誦功課。

帝王護持普賢信仰

唐代的普賢信仰已發展成熟，卻遲至北宋，峨嵋山才成爲普賢菩薩的道場。宋太宗派人至成都峨嵋山鑄造以普賢菩薩爲主尊的銅像，讓普賢菩薩不再是脇侍菩薩，周圍更有三千尊佛像圍繞，標誌著普賢菩薩信仰已完全成熟了。

帝王的護持穩固了普賢信仰，而淨土宗的推廣更是影響深遠。〈普賢行願品〉中，普賢菩薩把往生阿彌陀佛淨土，視為修行普賢行願的目標，成為中國佛教華嚴宗與淨土宗的交流橋樑。清朝末年淨土宗魏源居士，將〈普賢行願品〉列為淨土宗根本經典，得到印光大師等眾多高僧大德的贊同，讓普賢行願正式成為淨土信仰的重要一環。

（釋常鐸　攝）

Question 19

普賢菩薩是男是女？

通常見到的中國佛教普賢菩薩造形，都是頭戴寶冠、身披瓔珞、手持蓮枝的樣貌，乘坐於六牙白象上，象足踩著蓮花前行。由於菩薩面容清秀，儀態優美，所以很多人無法分別普賢菩薩是現男相或女相。

《佛說觀普賢菩薩行法經》對於普賢菩薩樣貌的描述最爲微細周備，經中說：「普賢菩薩身相端嚴，如紫金山，端正微妙，三十二相皆悉備有。」三十二相又稱大丈夫相，是佛和轉輪聖王的身體所具備的三十二種外貌特徵，因此普賢菩薩應是現男相。不過，在唐代以前，普賢菩薩多爲男相，而宋代以後，則多爲女相。其實，菩薩都是爲教化衆生得方便而隨緣示現身相，所以性別可男可女，重要的是協助衆生悟得自性本空、自性無相，而能自在行願。

（李東陽　攝）

Question

20

普賢菩薩的六牙白象從何而來？

大家熟知的普賢菩薩騎象形象，出自於《法華經・普賢菩薩勸發品》：「是人若行、若立，讀誦此經，我爾時乘六牙白象王，與大菩薩眾俱詣其所，而自現身，供養守護，安慰其心，亦為供養《法華經》故。」這段經文讓乘騎白象成為普賢菩薩最明顯的特徵。

白象的六牙四足

為何普賢菩薩會以六牙白象為座騎呢？因為普賢之學得於行，行之謹審靜重莫象，故普賢之好樂在象。白象為普賢功德圓滿、願行廣大的象徵，並代表菩薩有大慈大力。白象的六牙表示六度，即布施、持戒、忍辱、精進、禪定、智慧；四足表示四如意足，即是四神足的四種禪定：欲神足、勤神足、心神足、觀神足。

（李蓉生　攝）

《佛說觀普賢菩薩行法經》的六牙白象

《佛說觀普賢菩薩行法經》對於白象的描述介紹非常詳細，遠遠超過人們對於大象的想像。普賢菩薩乘騎六牙白象，踩著七朵蓮花前進。象色鮮白，雪山無法相比，身軀十分巨大，六牙端有六浴池，而每個浴池都有碩大蓮花，每朵花上都有彈奏箜篌的玉女。象鼻上有化佛放金光；象背上的七寶蓮花台坐著普賢菩薩；象頭上則有三化人：一捉金輪、一持摩尼珠、一執金剛杵；象腳下生七千象以為眷屬，隨從大象。

普賢菩薩的六牙白象能象徵著菩薩行，因其性柔順仁慈，卻又威力勇猛、堅毅不移，堪載大乘佛教菩薩所要救度的眾生。菩薩道的六度萬行任重道遠，我們修行應學習六牙白象堅毅勇敢不退轉，步步踏實，步步蓮花。

Question 21

普賢十羅剎女是誰？

通常佛菩薩身邊的脇侍菩薩，都是無比莊嚴的大菩薩，爲何普賢菩薩身旁有時會出現十位羅剎女呢？她們是來護法或毀法呢？

這十位羅剎女典出《法華經．陀羅尼品》，被稱爲「普賢十羅剎女」，誓願守護受持《法華經》者，名字分別爲：

1.藍婆：又名結縛，能繫縛衆生而殺害之。

2.毘藍婆：又名離結，脫離結縛而得自在。

3.曲齒：又名施積，牙齒上下曲生非常可怕。

4.華齒：又名施華，能以利口誘惑衆生。

5.黑齒：又名施黑，牙齒黑色可怕。

6.多髮：或名披髮，以髮縛衆生。

（李澄鋒　攝）

7.無厭足：又名無著，迫害眾生而無厭足。

8.持瓔珞：又名持華，能以種種裝飾誘惑眾生。

9.皐帝：又名何所，天上人間能來往自在。

10.奪一切衆生精氣：又名取一切精，能奪人之精氣。

她們在法華會中，和鬼母子、眷屬一同來到佛前表示，想要擁護讀誦、受持《法華經》的法師們，消除他們的衰退禍患。而且，她們也會擁護受持、讀誦、修行《法華經》者，令得安隱，離諸衰患，消衆毒藥。

十羅刹女原爲醜陋的惡鬼，但是日本的《普賢十羅刹女像》佛畫作品，卻是氣質儀態非常優雅的美女，應與宮廷貴婦信仰佛教有關。如果我們能用心修行普賢行願，無論是否能得十羅刹女護衛，相信都能不受迷惑，遠離煩惱，守護正法，安住於道。

Question

22

普賢菩薩造像如何在中國發展？

在佛教典籍裡，有一些普賢菩薩造像的記載。例如《法苑珠林．敬佛篇》記載，劉宋時的路昭太后，曾造普賢菩薩乘白象像置於中興禪房；《弘贊法華傳》也說三論宗的吉藏法師，一生中抄寫《法華經》二千遍、講解《法華經》三百多遍，並設普賢像，與之對坐而觀實相之理。這些造像資料，顯示了普賢菩薩在中國的信仰影響力。

普賢騎象

至於現存中國的早期普賢像，則約出現於西元五世紀北魏時期，刻像時間大致與《法華經》盛傳時代相仿。普賢騎象的特徵是於《法華經》先確定，後來才被《華嚴經》系造像引用，成爲人們熟知的「華嚴三聖」。

（李澄鋒　攝）

北魏早期的二處普賢像，一處是開鑿於北魏孝文帝時的雲岡石窟第九窟，石窟上的騎象菩薩，頭戴高冠，身著長裙。另一處是位於甘肅的北石窟寺，爲北魏時的涇州刺史奚康生所造，普賢菩薩右手持蓮苞，騎乘於象背上，前有一跪足的象奴，後有手持蓮苞的弟子胡跪著。整組造像的意思也如《法華經》所說，若有人讀誦、思惟此經，普賢菩薩即「乘白象王，現其人前」。

華嚴三聖的脇侍菩薩

漢傳佛教流行區域裡，中國大陸、日本、韓國、臺灣等地，常見華嚴三聖被奉於殿堂，如四川安岳華嚴洞的華嚴三聖像、大足北山窟中的普賢像。而在四川的峨嵋山，不但寺院供奉普賢像，更時有普賢顯像的傳說。如萬年寺供奉宋代普賢騎象銅像，便爲重要的造像代表。這些莊嚴作品讓普賢菩薩的行願身影，能爲人禮敬瞻仰，繼續傳世。

Question

23

日本的普賢信仰有何特色？

隨著《法華經》、《華嚴經》東傳日本，普賢菩薩也搭著順風船來到日本。日本最古老的普賢菩薩像是法隆寺的壁畫，此尊普賢菩薩像就是根據《法華經》所描述，菩薩一手在胸前，一手置於左膝，乘坐著白象，雍容而自在。

女性的保護者

不過數量最多的普賢菩薩像時期，應屬西元八到十二世紀的平安時代，且多爲傑出之作，此與貴族盛行法華信仰有關。佛教的傳入大爲改變日本人的宗教、文化與藝術，但是如同中國早期的佛教發展，一開始只盛傳於上流社會，而且是以男性中心，將女性排除於大部分的宗教生活，包括廟宇、僧侶及宗教儀式。

而《法華經．提婆達多品》所說的「龍女成佛」，以及在〈普賢菩薩勸發品〉中，不論男女，只要誦持《法華經》就能得到普賢菩薩乘坐白象來護持。這種「女性度化與救度」的特色，成爲日本宮廷婦女的信仰明燈。她們將《法華經》做爲宗教生活的中心，在她們的心目中，普賢菩薩搖身一變成爲女性的保護者。

美人普賢與普賢延命法

在這種氛圍之下所建立的獨特信仰，也推動了普賢菩薩造像的盛行。流風所致，平安時代許多普賢菩薩的畫像及雕刻，都以女性的容貌爲表現手法，極爲優美而充滿慈愛，導致後世的日人將普賢菩薩當作形容美人的代名詞。除了美人普賢，受到密教的影響，在日本也盛行以普賢延命菩薩本尊，除障延命所修的「普賢延命法」。此修法是根據《佛說一切諸如來心光明加持普賢菩薩延命金剛最勝陀羅尼經》而來，相傳讀誦此經乃至書寫陀羅尼滿十萬遍，能得菩薩的護持，除去橫禍增長壽命，爲普賢信仰增添了神祕氣氛。

Question 24

普賢菩薩對藏傳佛教有何重要性？

在藏傳佛教中，普賢菩薩地位非常重要。相傳密教教主大日如來於「法界心殿」對金剛薩埵等開示法門，宣說《大日經》、《金剛頂經》。金剛薩埵受大日如來之命，將此兩部密教根本大經結集，放置於印度南天鐵塔，留待了數百年之久，才等到龍樹菩薩到來。金剛薩埵將兩部大經傳給龍樹，密教教法從此弘傳人間。也就是說密教是由金剛薩埵傳下來的，是密教的初祖，而他另一個身分就是顯教的普賢菩薩。

普賢王如來本初佛

藏傳寧瑪派則認為法身佛普賢王如來是本初佛，又稱原始佛、最高佛，也是宇宙中第一個佛陀。其報身為金剛薩埵、普賢菩薩，而化身為大黑天。寧瑪派相信大圓滿法即是源起於他，經蓮花生大士傳入西藏。他象徵了一切衆生心中所具備的光明本性，即如來藏、清淨佛性。

除惡降魔的金剛薩埵

不論是被稱爲密教初祖，還是宇宙第一佛，都可看出普賢菩薩的重要性。原本金剛薩埵是現菩薩相，到了西元十三世紀後演變成一面二臂二足的忿怒相，他三目圓睜怒視，闊嘴大張，獠牙外露，容貌甚爲凶猛。右手高舉著金剛杵，象徵「起正智猶如金剛，能斷我法微細障故」，以勇武的戰鬥姿立於蓮花座上。

金剛薩埵具有除惡降魔的廣大神力，與觀音菩薩、文殊菩薩合稱「三族姓尊」，分別代表「伏惡、慈悲、智慧」三種特質。藏傳佛教認爲想要達到「即身成佛」的最高境界，必須同時具備慈悲、智慧、伏惡，缺一不可。藏人相信，在修習任何密法前必須先修持金剛薩埵，以其能降服魔考，幫助修行者精進。

Question 25

普賢菩薩爲何是《法華經》守護者？

《法華經》是佛陀住世最後八年所說的法，在這場靈山勝會上，佛陀肯定人人都是未來佛，並爲與會大衆授記，爲此文殊菩薩早早就率領諸大菩薩列席，並代表大衆多次向佛陀請法，爲什麼普賢菩薩卻要等到最後一刻才出現呢？遲到的他，爲何會成爲《法華經》守護者呢？

普賢菩薩為大眾請法

《法華經．普賢菩薩勸發品》記載了全部經過：正當大衆起身要散會時，普賢菩薩才來到靈鷲山，原來他是以神通力在遠處聞佛說法，但是佛陀說法卻未提到他滅度後，未來衆生如何才能聽聞這部殊勝的經典，因此，普賢菩薩趕在散會前來到現場，爲大衆請法。

佛陀告訴大衆，其實只要發菩提心、依佛的教法來清淨身語意、勤修六度行菩薩道、達到信心不退轉的境地，具備這四個條件就能聽聞《法華經》，同時也能獲得修持《法華經》的種種利益。

普賢菩薩的誓願

普賢菩薩聽後便發願守護《法華經》：「如果有人讀誦《法華經》，我將日夜守護他，讓一切凶神惡煞無機可趁。如果有人記不得經文，我也會教導他，和他一起讀誦，讓他能通曉文義、倒背如流。假如有人一心精進，修習《法華經》圓滿三七日，我就會乘著有六支象牙的白象王，帶著無數菩薩一起現身爲他說法，而且還會持陀羅尼咒保護他……。」佛陀因而不禁讚歎說：「普賢，你發大悲心護助《法華經》，並指導大衆修持，令人感動，我也發願要守護稱念普賢名號的人，讓所有修持普賢行的人都能平安健康幸福。」因此，修持《法華經》既能得受用不盡的法益，又能得普賢菩薩的守護。

（李東陽　攝）

Question 26

善財童子由普賢菩薩參學到什麼？

《華嚴經．入法界品》可以說是認識普賢菩薩的最佳入門經典。《六十華嚴》、《八十華嚴》的最後一品〈入法界品〉，以及《四十華嚴》，皆有精彩的善財童子五十三參。

普賢菩薩引領入佛道

〈入法界品〉主要內容爲善財童子發心成就佛道，於是文殊菩薩便指導他到各地參訪學習，經過五十三次的遊歷參學，終於證入華嚴法界，而普賢菩薩正是引領善財契入佛道的關鍵。

當善財來到印度南方的普門城時，他覺得自己已經學成，應該返家了。文殊菩薩卻告訴善財童子說：「你懷著無上的菩提心，而且能夠親近善知識、思惟義理，實在不簡單，但是不能得少為足，還要親自實踐。你已完成了參訪學習，現在該去見普賢菩薩，準備進入菩提道場了！」

善財聽後喜出望外，但是不同於以往每一參，文殊菩薩都會提示參訪的地點與方向，這次卻什麼都沒說，讓他不知要到哪裡才見得到普賢菩薩呢？善財反覆念誦著普賢名號，終於豁然開朗明白：「當心量無限無礙時，哪一處不是菩提道場呢！」如此一轉念，善財發現已然和普賢菩薩端坐在佛前了。

如來的解脫境界

善財進入不可思議境界，他不但走在普賢菩薩的毛孔中，而且每個毛孔都並存著十方三世一切染淨世界，連他的參學歷程也在其中，並看見自己化身無量，在一一毛孔中教化一切衆生。善財不禁讚歎：「光光互攝，原來這就是如來的解

（李東陽　攝）

脫境界！」同時他也沉思：「該怎麼修持，才能達到這個境地？」

一直默然不語的普賢菩薩，終於對善財童子說：「佛的境界與功德是怎麼說也說不完的，如果要成就佛道，一定要修十種廣大願行：一者禮敬諸佛，二者稱讚如來……。」普賢菩薩告訴善財他如何成就如此大自在的境界，而這段對話就是大眾熟知的〈普賢行願品〉內容。

Question 27

瘋狂三聖僧的拾得是普賢菩薩嗎？

文殊、普賢，一位是諸佛菩薩之母，一位則恆為諸佛長子，從佛教經典來看，兩位菩薩除了在十方諸佛前，共做佛事，也經常遊戲人間，隨緣教化，其中最爲人所津津樂道的，便是寒山與拾得的傳說故事。

瘋狂三聖僧：寒山、拾得、豐干

拾得是唐代天台山國清寺豐干禪師收養於佛寺的孤兒。寒山是拾得的好朋友，常常一起出遊、吟詩作對，但是荒誕不經的行為，常遭衆人譏罵追打。因此寒山問拾得：「世間謗我、欺我、辱我、笑我、輕我、賤我、惡我、騙我，我該如何對他？」拾得答說：「那只有忍他、由他、避他、耐他、敬他、不要理他，再過幾年，你且看他。」

（倪善慶　攝）

有一回廚房食物被烏鴉偷吃，拾得不但責罵護法伽藍未盡責守護，還以木杖鞭打聖像。當晚全體僧眾皆夢見伽藍告狀說：「拾得打我！」隔天一早，大家發現伽藍像果然有好幾處杖打痕跡，群起嘩然。

文殊與普賢的化身

國清寺僧眾開始對拾得另眼相待，而寒山的許多行徑、詩文也在鄉里間傳了開來，當台州刺史閭丘胤向豐干問起時，豐干回答寒山、拾得分別是文殊與普賢的化身：「見之不識，識之不見，若欲見之，不得取相，乃可見之。」閭丘胤隨即上山請益，寒山與拾得卻說：「豐干饒舌，彌陀不識，禮我何為？」說完呵呵大笑，攜手步出國清寺，大眾這才恍然，豐干、寒山、拾得都是佛菩薩的示現。

Question
98

玄奘法師曾印刷過普賢菩薩像嗎？

《雲仙散錄》也稱《雲仙雜記》，作者爲五代的馮贄，他曾於書中印普賢一條引《僧園逸錄》說：「玄奘以回鋒紙印普賢像，施於四衆，每歲五馱無餘。」意思即是說玄奘法師曾在唐代時，用「回鋒紙」印刷普賢像，施贈四方信衆供養，每年印量多達五匹馬馱運量而沒有剩餘。

重要的文獻史料

引文只有短短的二十字，卻是非常重要的文獻，既是溯源中國雕版印刷起源資料，也是中國版畫、佛教文化的珍貴史料。然而，《雲仙散錄》被懷疑是僞書，歷來爭議始終很大，例如有人疑惑玄奘法師發心往生彌勒淨土，爲何大力推廣普賢信仰？遲至唐代中期唐德宗時，普賢信仰才隨著〈普賢行願品〉推向高潮，玄奘法師何以提前在唐初推動？……。雖然有種種謎團，卻由於玄奘法師印普賢像的重要性非同小可，而又不能忽視。

珍惜佛經法寶

雖然尚未發現玄奘法師印製的普賢菩薩像眞跡，目前中國存世最早的印刷品仍爲唐代咸通九年（西元八六八年）的雕版印刷《金剛經》，但是義淨法師曾有詩云：「晉宋齊梁唐代間，高僧求法離長安，去人成百歸無十，後者安知前者難。路遠碧天唯冷結，砂河遮日力疲殫，後賢如未諳斯旨，往往將經容易看。」法寶流傳如此不易，無論玄奘法師是否印過普賢像，我們在閱讀普賢菩薩經典時，都應心懷感謝，並善用現代發達的傳播媒體與印刷出版，讓佛法功德能迴向十方。

Question

29

峨嵋山爲何是普賢菩薩聖地？

關於峨嵋山的開山歷史衆說紛紜，據比較可信的說法，峨嵋的第一座普賢寺，約始於東晉末葉，爲淨土宗初祖慧遠法師的弟弟慧持法師所建，爲現在「萬年寺」的前身，又名「白水普賢寺」。

《華嚴經》的光明山

峨嵋山位於四川省峨眉縣西南方，又稱爲光明山。此名來自《華嚴經》，東南方有光明山，賢勝（普賢）菩薩與其眷屬、諸菩薩衆三千人，常在其中而演說法，因此峨嵋山又稱「光明山」。

普賢菩薩在南北朝時期剛傳入中國時，由於懺儀修持需要深入法義而不易普及民間。但隨著《法華經》、《華嚴經》的傳譯及理論發展，普賢信仰在中國遍及顯、密各宗派，建立起峨嵋聖地。

普賢信仰發展成熟

隋、唐以後，天台宗與華嚴宗的弘化推衍，使普賢信仰發展臻於成熟，不過一直要到北宋，峨嵋山成爲普賢菩薩的道場才正式底定。結束了五代十國的戰亂，北宋的四川地方官員不斷將峨嵋山有普賢示現的祥瑞事蹟上奏朝廷。

爲了安撫民心和宣揚天命，太平興國五年（西元九八〇年），宋太宗派人攜帶黃金三千兩到成都鑄造普賢乘象銅像，並於峨嵋山設置大閣供奉。這尊現在供奉於萬年寺的普賢乘六牙白象大銅像，便成爲峨嵋山信仰核心，同時峨嵋山做爲普賢菩薩道場的崇高地位也自此確立。

Question

30

想見普賢菩薩，必須到峨嵋山朝聖嗎？

峨嵋山是中國佛教四大名山，被視爲是普賢菩薩道場，與普陀山、天台山、九華山齊名古今中外，許多人都爲禮敬普賢菩薩而特來朝聖。特別是峨嵋金頂有四大奇觀：日出、雲海、佛光、聖燈，更加深了人們對種種傳說的好奇心，希望自己能有緣得遇普賢菩薩化現。

普賢菩薩周遍法界

朝禮佛菩薩的聖地，如能心生嚮往而奮勉用功，當然值得鼓勵。但是如果未依佛菩薩教導修行，變成只是旅遊的觀光客，殊爲可惜。眞正的朝聖行，不在於朝拜過多少聖地、頂禮過多少回佛菩薩，而在於我們的生命在這些經歷中，減少了多少貪、瞋、癡煩惱，能否開啓自己隱蔽蒙塵的覺性。

（法鼓文化資料照片）

難怪《峨眉山志》會提醒人說：「世人競稱文殊在五臺，普賢在峨眉，此是俗見，如今朝廷設官，各分疆界、各有職掌者然。其實菩薩神化，周遍法界，何嘗以某處爲我道場，某處爲彼道場耶？」

修行處即是普賢道場

所謂的道場，梵語 bodhi-maṇḍa，也譯爲「菩提（bodhi）場（maṇḍa）」，原指佛陀在菩提樹下降伏煩惱，覺悟「緣起無我」的成道之處，如今則泛指佛教寺院。在有形的道場之外，《法華經》進一步指出，凡受持、讀誦《法華經》經卷所在之處，皆是「道場」。《維摩經》則將「道場」發揮爲修行佛道的內在世界，而說「菩提心是道場」。

如果我們能精進讀誦普賢菩薩經典，精進實踐普賢行，那麼我們的所在之處，即是普賢道場。普賢菩薩身相如虛空，能於十方自由來去，無處不到。因此，我們不需要執著普賢菩薩的道場位於何方，甚至誦經時也不必執著是否能感得菩薩現身。經典已明確告訴我們，如果我們能圓滿實踐所有普賢行，當下即是普賢菩薩，何愁不見菩薩呢？

3

學習普賢有方法

Question

31

普賢法門有何特色？

普賢行即廣大的菩薩行，任何人如能圓滿實踐普賢行願，便爲普賢菩薩。普賢法門的修行核心即是普賢行願。

普賢行願的特色，即是無比廣大的心量與無比堅定的實踐，願願盡虛空、遍法界，無分別、無執著、無界限、無彼此……，即使是微小的善念都能遍滿虛空法界，得證入佛果。

佛教的修學法門雖多，卻都不出「普賢行願」，普賢行是一切諸佛之所行。普賢菩薩更是以其廣大行願聞名，而得稱大行普賢菩薩。

大行普賢菩薩的法門有多廣大呢？我們由《大方廣佛華嚴經疏》解釋普賢行

用「十普」以表無盡的解說，即可得知：

1.所求普：謂要求證一切如來平等所證故。
2.所化普：一毛端處有多衆生皆化盡故。
3.所斷普：無有一惑而不斷故。
4.所行事行普：無有一行而不行故。
5.所行理行普：即上事行，皆徹理源，性具足故。
6.無礙行普：上二交徹故。
7.融通行普：隨一一行，融攝無盡故。
8.所起用普：用無不能，無不周故。
9.所行處普：上之八門，遍帝網剎而修行故。
10.所行時普：窮三際時，念劫圓融，無竟期故。

《大方廣佛華嚴經疏》並說：「但修普行，即曰普賢。亦則普賢即行，但從行名故。」

（李澄鋒　攝）

修持普賢法門的方法非常多種，可以持咒、持名、持誦普賢菩薩相關經典，也可以修學普賢三昧，但是最重要的是與十大願王相應，讓每一種方法都能實踐普賢行。

Question

32 什麼是〈普賢警眾偈〉？

佛陀曾說：「得人身者，如爪上土；失人身者，如大地土。」爪上土相較於大地土，實在微乎其微，由此可知人身難得。難怪古人要說：「人身難得今已得，佛法難聞今已聞，此身不向今生度，更向何生度此身？」

「生命就在呼吸間」，面對短暫無常的人生，如果不好好及時把握修行時機，一口氣上不來時，便不知要輪迴流轉到哪一道去了。因此，佛教徒做晚課必誦〈普賢警眾偈〉，以警惕大眾珍惜人生，不能虛擲光陰。

〈普賢警眾偈〉的偈文為：「是日已過，命亦隨減，如少水魚，斯有何樂？眾等當勤精進，如救頭然，但念無常，慎勿放逸。」意思為提醒人們，當一天過去了，生命也就隨著減少一天。如同原本悠游水中的魚兒，突然發現水量變少

（釋常雲　攝）

危及生命，而憂心忡忡，哪裡還有快樂可言呢？我們應該勤奮精進修行，猶如頭部著火了，要立即滅火拯救般奮力用功，以盡早出離生死大海。要常常想到生命無常，謹慎小心不再放逸。

如果沒有透過晚課的〈普賢警眾偈〉警醒，我們很容易一日復一日，擬定了許多修行計畫，發了許多美好心願，可是卻都化為空談。〈普賢警眾偈〉能帶給我們普賢行願的行動力，讓我們及時把握實踐佛法的機會。

Question

33 〈普賢行願品〉就是〈普賢菩薩行願讚〉嗎？

〈普賢行願品〉的偈頌，歷來有很多不同異譯版本，〈普賢菩薩行願讚〉即是其中一種。

異譯版本比較

聖嚴法師於《〈普賢菩薩行願讚〉講記》一書中提到，〈普賢菩薩行願讚〉是由唐代的不空三藏譯出，與三種《華嚴經》譯本（《六十華嚴》、《八十華嚴》、《四十華嚴》）的譯出年代比較，晚於佛馱跋陀羅三藏的《六十華嚴》及實叉難陀三藏的《八十華嚴》譯本，而又略早於般若三藏的《四十華嚴》譯本。

〈普賢菩薩行願讚〉的內容，雖和《六十華嚴》的〈普賢菩薩行品〉及《八十

華嚴》的〈普賢行品〉不同，卻也與《四十華嚴》的

〈普賢行願品〉略異，〈普賢菩薩行願讚〉除具有《四十華嚴》的〈普賢行願品〉所舉的十大願王內容，尚有〈普賢行願品〉所缺的內容。

《華嚴經》心要

聖嚴法師認為：「〈行願讚〉雖是《華嚴經》的別行異譯，但其內容，的確就是《華嚴經》的普賢行願，而且相當豐富，可以看作是《華嚴經》的心要。」因此，無論我們持誦的是〈普賢行願品〉或〈普賢菩薩行願讚〉，都能幫助我們掌握《華嚴經》的修行核心。

Question

34

如何修普賢菩薩持名？

持名念佛是許多法門的基本修行，但普賢行者的修持較少直接持誦「普賢菩薩」聖號，通常是依普賢菩薩第一、二大願：禮敬諸佛、稱讚如來，對十方三世一切諸佛，已成的佛或未來的佛都一一遍禮，經常讚歎，因此只要稱念任一佛號，乃至禮敬尊重一切還沒有成佛的眾生，都是在修持普賢法門。

由於普賢行願最後普勸歸命西方阿彌陀佛淨土，清末魏源居士將〈普賢行願品〉列入《淨土四經》，獲近代淨土宗的印光大師認同，因此許多華嚴宗學者也會修彌陀念佛法門，例如近代的慈舟法師、成一法師。初學普賢行門者可由稱念「阿彌陀佛」聖號入手，或是持誦菩薩聖號「南無大行普賢菩薩」、「南無普賢王菩薩」、「南無普賢菩薩」皆可。只要一心專念，都能感受普賢菩薩在菩薩道常伴左右的力量。

（李東陽　攝）

Question
35

如何修普賢菩薩咒語？

普賢菩薩眞言爲「嗡三昧耶薩怛鍐」，意思爲「歸命平等生佛不二之種子」，提醒修行者衆生平等、皆有佛性。

密教稱普賢菩薩爲「金剛薩埵」，涵義爲「金剛、勇猛、有情」，藏譯爲「金剛勇猛心」，意謂學佛路上要發不退轉的菩提心。

金剛薩埵短咒與長咒

金剛薩埵有短咒，爲「嗡班雜薩埵吽」；長咒稱爲〈百字明〉，是藏人常持的長咒，無論長短咒，藏人認爲常持誦能消除無始以來的罪業，增長無量無邊的福慧，對消除修行的障礙，尤其大有助益。

〈速疾滿普賢行願陀羅尼〉

在《大正藏》的〈普賢菩薩行願讚〉文後，有〈速疾滿普賢行願陀羅尼〉：「襄麼悉底哩也（四合）地尾（二合）迦（引）南（二）怛佗（引）孽哆南（二）唵（引三）阿（引）戌嚩囉尾擬儞娑嚩（二合引）訶（引四）」，說明每日誦完〈普賢菩薩行願讚〉後，隨即誦此眞言一遍，普賢行願才悉皆圓滿，可得「三摩地人速得三昧現前」和「福德智慧二種莊嚴」，並且「獲堅固法速疾成就」。

（釋常鐸　攝）

Question
36
如何修〈普賢行願品〉十大願王？

〈普賢行願品〉為普賢菩薩的主要經典，《四十華嚴》最後一卷常單本流傳〈普賢行願品〉，十大願王即出自於此。

修十大願王，即能成就普賢願海，如〈普賢行願品〉所說：「若諸菩薩於此大願隨順趣入，則能成熟一切眾生，則能隨順阿耨多羅三藐三菩提，則能成滿普賢菩薩諸行願海。」

十大願王的項目與修行要領為：

一、禮敬諸佛

深心信解十方世界皆有無量諸佛，以清淨的身、口、意三業禮敬諸佛。此禮敬無有窮盡。

二、稱讚如來

稱讚佛的功德，甚深廣大如大海。此讚歎無有窮盡。

三、廣修供養

以上妙諸供養具供養諸佛，並行諸供養最極之「法供養」。法供養包括：1.如說修行供養，2.利益衆生供養，3.攝受衆生供養，4.代衆生苦供養，5.勤修善根供養，6.不捨菩薩業供養，7.不離菩提心供養。此供養無有窮盡。

四、懺悔業障

念過去無始劫中，由貪、瞋、癡作身、口、意無量諸惡業，今悉以清淨三業，於一切諸佛菩薩前誠心懺悔，後不復造，恆住淨戒。此懺悔無有窮盡。

（江思賢　攝）

五、隨喜功德

於諸佛一切善根、六趣四生一切功德、一切聲聞辟支佛有學無學之功德、一切菩薩廣大功德，悉皆隨喜。此隨喜無有窮盡。

六、請轉法輪

以身、口、意種種方便，祈請成等正覺之諸佛轉妙法輪。此祈請無有窮盡。

七、請佛住世

對於一切佛剎將示現涅槃的諸佛、菩薩、聲聞、緣覺、有學無學，乃至一切善知識，勸請不入涅槃，爲欲利樂一切衆生。此勸請無有窮盡。

八、常隨佛學

毘盧遮那如來及一切如來，從初發心即精進不退，不惜身命，乃至樹下成大菩提，於種種衆會成熟衆生，示現涅槃，如是一切皆隨學。此隨學無有窮盡。

九、恆順眾生

隨順十方剎土一切眾生的種種差別，饒益平等，以大悲心隨眾生故，能成就供養如來。此隨順無有窮盡。

十、普皆迴向

以如上一切功德悉迴向盡法界虛空界一切眾生，願令眾生常得安樂，乃至成就究竟無上菩提。此迴向無有窮盡。

Question

37 如何修〈普賢菩薩行願讚〉？

佛教徒所課誦的〈八十八佛大懺悔文〉，懺悔文的主要部分即是出自於〈普賢菩薩行願讚〉，由此可知本讚的重要性。而修學〈普賢菩薩行願讚〉的最佳方式，便是持誦讚文，並身體力行普賢行願。透過信、解、行、證的方式，將能步步穩健，行走於菩薩道上。

誦持普賢願積集善根

〈普賢菩薩行願讚〉說：「若人誦持普賢願，所有善根而積集；以一刹那得如願，以此群生獲勝願。」勸導人受持讀誦讚文的目的，是為鼓勵大眾經由受持讀誦，來實踐普賢行願。剛學佛的初發心菩薩，如果覺得自己還沒有具備實踐普賢行願的能力，不妨先從持誦開始修起，即使只是受持讀誦，也能積集無量善

（吳瑞恩　攝）

根，而能於臨命終時的一剎那頃，如願往生極樂世界，並能以此而使一切眾生也獲得普賢勝願。

受持普賢願王得佛果

〈普賢菩薩行願讚〉也說明持誦讚文，不但能得成佛度生的果位利益，還可得菩提道上的因位利益：「速疾往詣菩提樹，到彼坐已利有情；覺悟菩提轉法輪，摧伏魔羅并營從。若有持此普賢願，讀誦受持及演說；如來具知得果報，得勝菩提勿生疑。」若能讀誦〈普賢菩薩行願讚〉，將能很快前往成佛的菩提樹下，能在菩提樹下說法轉法輪，利益有情眾生，能摧破降伏魔王及其眷屬。若有人受持普賢願王，無論是自己讀誦或為他人演說普賢願王，都功不唐捐，一切諸佛都知道此人的功德，必得殊勝的無上菩提果報。

Question

38 如何修《法華經・普賢菩薩勸發品》？

太虛大師曾於《法華經講演錄》說：「欲護佛法，必應護持是經；欲護持是經，必應勸人發心——對於是經，應受持、讀誦、解說、書寫、供養、禮拜、讚歎、及流通等，爲勸發心——故有此品。」由此可知本品對推廣《法華經》的重要性。如能勸人發心、修持《法華經》，也是普賢行，如太虛大師所說：「能勸發之人，爲普賢菩薩。……爲明發心者、及勸人發心者，必皆具有普賢之德，方能受持是經，即方能流通是經，故有此品。」

普賢菩薩並於〈普賢菩薩勸發品〉說，如能一心精進如法修持，他將騎六牙白象現其前，親自說法，並常護是人。我們透過持誦《法華經》開發自心光明，也勸人發心修學，將能與普賢菩薩心心相印。不論是否見得菩薩騎六牙白象，我們都能依六度萬行，如六牙白象步履堅定穩重，以普賢行邁向成佛之道。

（江思賢　攝）

Question

39

如何修法華三昧，懺罪除障？

法華三昧也稱普賢三昧，即依《佛說觀普賢菩薩行法經》、《法華經》所說，以普賢菩薩為本尊，諦觀諸法實相中道，懺悔六根罪障。若成就此三昧，則普賢菩薩將乘六牙白象示現於前。

法華三昧懺悔法門

《佛說觀普賢菩薩行法經》簡稱《觀普賢經》，與《無量義經》、《法華經》合稱為「法華三經」，為劉宋曇無蜜多法師所譯，經中教導修行法華三昧懺悔法門的方法。《觀普賢經》與《法華經．普賢勸發品》相表裡，闡述觀普賢菩薩的法門、功德，所以被定為是《法華經》的結經，天台修法華懺法，全宗此經。

（梁忠楠　攝）

業障皆從妄想生

修持法華三昧的懺悔法門，如何掌握方法要領呢？《觀普賢經》說：「一切業障海，皆從妄想生；若欲懺悔者，端坐念實相；衆罪如霜露，慧日能消除；是故應至心，懺悔六情根。」由此可知，最主要的修持方法即是「端坐念實相」，強調禪坐「念實相」的止觀修持，即在身、口的進止、語默之間，心心相續，不雜異緣。

《觀普賢經》並說，只要專心誦持大乘經典、發大乘心，此觀功德將可除諸障礙、見上妙色，即使不入三昧：「但誦持故，專心修習，心心相次，不離大乘，一日至三七日得見普賢。」

欲入普賢三昧確實不易，但是只要我們能常以懺悔心清淨眼、耳、鼻、舌、身、意六根，讓六根如同六牙白象般保持潔白無瑕，便是實踐普賢行的普賢行者。

Question 40

如何修普賢萬行？

普賢菩薩最爲人所熟知的是他的廣大行願，而《華嚴經》浩浩長卷所開演的，便是如何透過信、解、行、證普賢行願，以普賢萬行來成就無上菩提。因此經中，普賢菩薩針對不同的對象、機緣、修行階段，提出各種行法，例如：〈十定品〉中，普賢菩薩爲大衆說十種三昧可以成滿普賢所有行願；〈離世間品〉普慧菩薩提出二百個修行疑問，每一問普賢再以十種法門回應，而有二千行法……，面對琳瑯滿目的普賢行，我們該從何入手？

十度正行

「六波羅蜜」即總攝了菩薩道的一切行動，儘管法門無量，但布施、持戒、忍辱、精進、禪定、般若即可攝盡一切菩薩行，也是普賢行的主要科目。然而，普賢行必須奠基在「般若」的前提上，否則只能算是道德行為，無法稱作「波羅蜜」，而普賢菩薩的修證，更在般若之中，開出方便、願、力、智等四種波羅蜜，合稱「十度正行」。

方便、願、力、智都是用來輔助前六度的修持，例如「方便波羅蜜」是入世的善巧方便，「願波羅蜜」能幫助我們少煩少惱常精進，「力波羅蜜」則是親近善知識，創發思擇、修習善法的力量，最後還要加上「智波羅蜜」，開引出世間慧，教化成就一切眾生。

「智波羅蜜」所指的不是般若，而是世間的知識技術，如語言能力、醫藥常識、數位科技、邏輯分析等；換句話說，普賢行者也要跟上時代潮流，與時俱進，除了把握機會進修，提昇專業知能和技術之外，還要多方涉獵、彈性變通，讓自己能適時回應大眾的需求，慈悲智慧不過期。

專一當下

雖然無論是十度或十大願，都感覺似乎永遠做不完，其實只要一念心起，一切萬法善行就會跟著生起，此即普賢行的心要。普賢菩薩所彰顯的就是「法界緣起，稱性而起」的華嚴境界，每一行都能攝一切行、一切願、一切法。即便無法圓滿十門，一門也能攝盡十門，就像我們持戒，端正行儀，便能讓周遭的人感到安心沒有恐懼，這就是在做無畏施，所以持戒也是布施。普賢萬行為一攝一切行，只要用心把當下的「一」做好，便成就了普賢萬行。

（李東陽　攝）

4

成為普賢實踐家

Question
41

普賢萬行太廣大，覺得寸步難行怎麼辦？

普賢行願的六度萬行，重要的不是行願數量多少、功德大小，而是心量是否能無量地奉獻祝福。

發願方法和心態

聖嚴法師曾於《祈願．發願．還願》說：「人不要被框框局限，但要有大方向，從人道、天道、解脫道、菩薩道到佛道，層層超越。從近而遠、從小而大、從微而著，有次第、有彈性地不斷進步，這才是佛教徒標準的發願方法和心態。」

我們不要以實質的物質或數量來衡量願的大小，例如有人捐款一百萬，不用勉強也跟著捐相同數目，要量力而爲。發願時不要被數量框架套牢，以免框架太大，變成遙不可及的夢想、空想；框框太小，則局限各種可能，而無以爲繼。

扮演好自己的角色

比較腳踏實地、切實可行的作法，是在自己的位置上扮演好自己的角色，就是普賢行。聖嚴法師提出的「心六倫」運動便是基於這樣的信念，雖然人與人、人與社會、人與環境發展出各種各樣的關係，如家庭、職場、族群、自然等倫理，我們每個人也同時扮演了多元的角色，但無論關係再怎麼複雜多重，只要各盡其責、各守本分，尊重關懷身邊的有情萬物，我們的化身自然也會在其他地方發揮力量。

我們不需要期望自己成爲偉人，只要從身邊的人影響起即可，例如發願：「我願所有和我一起生活的人，都過得幸福愉快。我願盡一己之力讓他們身心健康、沒有煩惱。」每個人應該都可以做到這些願，因爲這些也是我們的人生動力。這些個人的小願都是大願的基礎，如同聖嚴法師所說：「照顧好自己的小家庭，是菩薩行的基礎；如果能再擴大一些，以一切衆生的煩惱爲家，擔負起『如來家業』，那就是更深廣的菩薩行願了。」

（李東陽　攝）

普賢萬行太廣大，覺得寸步難行怎麼辦？

Question

42 成佛道路漫長，如何鍛鍊普賢恆常心？

從初發心走過五十二個菩薩階位，最終證入妙覺位等待成佛，普賢菩薩可說是菩薩道上的模範生，除了無盡的願心和過人的行動力，一路走來始終如一的「恆常心」，才是普賢菩薩成就的關鍵！

修行要堅持到底

大乘菩薩道的修行，從初發心到成佛必須要經歷三大阿僧祇劫，過程漫長而遙遠。一般人看到修行時間這麼漫長，往往就先打退堂鼓了，普賢菩薩卻不會卻步，關鍵就在於行之勤、行之久的恆常心。我們雖然也發菩提心要成佛，但是一遇到境界，憤怒、嫉妒、懈怠、退怯、迷惘便一一現前，所以經常在菩薩道上進進退退。

普賢菩薩不但一往無悔，並在《華嚴經．入法界品》最後，普賢菩薩以自己的修行歷程告訴善財童子，他為了成就無上菩提，不僅布施供養，也曾在無數的如來座下出家學道，而這過程中，他不曾起過一念瞋害心、差別心、遠離菩提的心、疲厭心、懶惰心、障礙心，以及迷惑的心，只有堅定不移地修持一切智的助道法。堅持到底、恆常不斷可說是普賢行願的根本精神。

千里之行始於足下

菩薩道的修持是難行能行、難忍能忍，如果沒有絕不輕言放棄的恆心毅力，再偉大的理想最終也只是一場夢。

雖然《華嚴經》裡常用無盡、無數、無量、無邊、無等、無比來凸顯普賢萬行之廣、之深、之大，彷彿菩薩道怎麼走也走不完，然而千里之行始於足下，普賢菩薩在〈普賢行願品〉裡便告訴我們：「以一剎那諸未來，我入未來一切劫；

三世所有無量劫，剎那能入俱胝劫。」在極短的一剎那中便含有無量的過去現在未來，所以只要懂得把握任何一個剎那好好修行，便能契入普賢萬行，儲備成佛的資糧。

Question

43

與人相處，如何培養普賢隨喜心？

在實踐菩薩道的過程中，難免崎嶇不平，但無論際遇如何，普賢菩薩總能善用其心，以善念、隨喜的心來轉化因緣，因此無論到哪裡，都能適時帶給人光明與溫暖，就像他的梵文名「遍吉」，是無所不在的光、無處不有的慈。

百萬障門開

不過，要時時保持歡喜愉悅的心情實在不容易，現代人生活壓力大，火氣也大，而瞋怒嫉妒的心就像一把無明火，不只身邊的人無端受到波及，往往瞋心一動，第一個受傷的便是自己。「我不見一法為大過失，如諸菩薩於他菩薩起瞋心者。」《華嚴經．普賢行品》中，普賢菩薩告訴與會大眾，在實踐菩薩道的路上，他不曾見過任何一位菩薩生氣或者不耐煩，因為「一念瞋心起，百萬障門開」，不只念佛、布施的功德都沒了，還會引發不能聽聞正法、多諸疾病等九十二種障礙。因此普賢菩薩特別重視「不起瞋心」這個修行法，而他的法寶就是「隨喜心」！

隨喜是良藥

隨喜，是普賢十大願的第五願，也是轉化瞋怒、嫉妒最好的一帖藥。當我們對某人感到憤怒時，與其生氣吵架，兩敗俱傷，不如送給對方一份禮物，這個禮物可以是一個安慰的眼神、一句佛號、一首詩或一個擁抱等，這些都是普賢菩薩隨喜心、慈悲心的展現。

下次當你怒不可抑想吵架時，不妨練習當普賢菩薩的左右手，為對方送上祝福與寬慰，遞出禮物的同時，其實也回饋了自己一分吉祥幸福。

Question

44

處在世界村時代，如何學習普賢平等心？

隨著科技的快速進步，網路建構出全新的世界村時代，不同國度的人們都能快速跨越國界，溝通無時差。但是，雖然網路溝通無障礙，我們的心量是否也能隨著無量擴大呢？能否不再有性別、種族、階級、貧富等的歧視分別？

世界一家，世界一體

網際網路發達的數位時代，不只縮短人們的溝通距離，看到全球暖化、海洋汙染等的災難新聞實況報導，更讓人們知道對於環境公害，自己不可能置身事外，與其說世界一家，其實是世界一體。我們汙染地球，其實就是汙染自己，而我們改善世界，其實就是改善自己。雖然我們期盼世界和平，但是面對國家戰亂、種族衝突、社會階級等不平現象，心中總會不平則鳴，該如何以平等心面對

（釋常鐸　攝）

不公平的世界呢？

普賢菩薩的一個重要特質就是平等心，《華嚴經．入法界品》善財童子五十三參最後參訪普賢菩薩，當善財進入普賢的毛孔時赫然發現，普賢菩薩身上的一切毛孔中，除了清淨莊嚴的十方佛土，連地獄、惡鬼、畜生等衆生也都一一顯現，爲什麼呢？

一般人看到喜歡的人、事、物就想盡辦法取得，遇到不喜歡的，避之唯恐不及，但普賢菩薩卻通通埋單，不曾生起一念妄想分別，所以能涵容無礙，染淨具足，正是普賢菩薩「普」字的展現。實踐菩薩道的過程中，儘管遇到許許多多來自不同語言、文化、生活習慣的人，但普賢菩薩不覺辛苦，反而發願要通曉一切衆生的語言，了解衆生的情緒與煩惱，以衆生能理解的語言文字來說法度化。

每個眾生都是未來佛

普賢菩薩的心不棄捨一切眾生，並且把每個眾生都當作未來佛。在〈普賢行願品〉裡，普賢菩薩還做了個譬喻，他說菩提心就像曠野荒漠中的一棵大樹，一切眾生就是樹根，諸佛菩薩是樹上的果實，如果我們能以大悲心澆灌愛護一切有情，自然能成就佛果。當我們把每個人都當作佛的時候會發現，眾生與佛並沒有分別，隨順眾生就是在供養諸佛，尊重承事一切眾生就是對佛生起恭敬心，而讓眾生歡喜也就是讓佛歡喜。

平等心，圓滿因。因與果不相捨離，我們的菩提心正是在眾生之中成就的。普賢菩薩以平等心看待一切眾生，隨順眾生的需要，因此能成就圓滿佛果，其所象徵的就是「平等圓因」。當我們能敞開心胸，像大海一般超越所有內外、自他，超越過去、現在、未來等的種種對立，就會發現自己所在的娑婆世界果然也是美好淨土。

Question

45

佛陀已不在世，如何請佛住世、常隨佛學？

「十大願王」的第七願是「請佛住世」，第八願是「常隨佛學」，很多人會疑惑釋迦牟尼佛已經涅槃了，如何實踐這兩大願呢？

護持僧團續佛慧命

釋迦牟尼佛的色身，確實已不在人間，但是他所傳下的佛法，由僧團繼續續佛慧命，為人們點亮心燈。因此，我們請佛住世、常隨佛學，就要不斷地向法師請法，經常聽聞佛法，並祈求法師能夠長久住世說法。甚至鼓勵更多人一起來接受法師指導，讓法師能有機會常轉法輪，這也是一種護法的方式。

雖然任何明師也無法與佛相比，我們仍然要以相同的態度，請求他們住世說法，而且愈長久愈好。只要有任何機會，就要請他們說法；如果有法師想要離開，我們應該讓他相信還有許多人需要他的教導，同時也要鼓勵更多人來聽聞佛法，讓法師繼續留下來弘法。

與佛菩薩同在

第七願的「請佛住世」，原本是普賢菩薩的發願，因爲菩薩可以神通力自由來去十方佛土，而禮敬諸佛，請求他們留在世間轉輪說法。我們雖然沒有神通力能親見諸佛，常隨佛學，但是只要我們相信佛是無時不在、無處不在的，我們的心就能與佛菩薩心心相印，感應道交。

因此，藉由每日早晚課誦念三皈依、普賢菩薩十大願，將可以讓我們回到佛前，與佛同行，與十方諸佛菩薩同在。

（李東陽　攝）

佛陀已不在世，如何請佛住世、常隨佛學？

Question

46

忙碌的現代人如何依十大願王懺悔業障？

很多人想去寺院拜懺，卻總是因爲工作忙碌而無法如願，可以透過三種方式，一方面懺悔業障，另一方面也祈求自己能安心順利修行。

一、**持誦十大願王**

十大願王可做爲每日定課，念誦所費時間不多，卻能以願力轉化業障。古今許多大師都是如此修持十大願王，而通過困境，成就道業。

二、**拜佛以禮敬諸佛**

拜佛其實就是最簡單的拜懺方式，當我們能透過十大願王的「禮敬諸佛」調柔身心，放下自我、放下執著，就能消除身心障礙，開啓慈悲與智慧。

（李東陽　攝）

三、當下起懺悔心，誦〈懺悔偈〉

懺悔業障的最好方式，其實是在犯錯的當下懺悔。由於我們往往很難察覺自己的問題，因此，如能在察覺當下默誦〈懺悔偈〉，或是持誦〈懺悔偈〉爲每日定課，都是修懺的好方法。

修行普賢行時，難免會有兩種障礙：一種是知道自己需要修行，卻總是無法修行；另一種是已經開始用功了，卻出現種種身心障礙。知道自己有障礙、起煩惱沒有關係，只要堅定願心，依此而行，定能轉危爲安。十大願王的懺悔業障，正是幫助我們懺罪悔過，重新恢復清淨心的妙法。

Question

47

恆順眾生會不會變成隨波逐流同造惡業？

「恆順眾生」是很多人修學十大願王時，覺得特別難行的普賢行，甚至誤以爲「隨波逐流」就是「恆順眾生」。因此，有時爲接引朋友學佛，便會猶豫不決，是否應該改變人們對佛教徒的刻板印象，與朋友一起喝酒玩樂、閒聊是非？

修持普賢行願，隨順眾生的需要而給予恰到好處的救濟幫助，目的是在於幫助眾生圓滿成就大菩提行。恆順眾生應是在不違背佛法的原則下，隨順因緣，順其所需。如果我們能常常設身處地，爲他人眞正的需要做打算，而非只滿足一時之欲，那也就是「恆順眾生」了。因此，如果爲了讓朋友親近佛法而捨戒，甚至同造惡業，反而是本末倒置了。我們應該是要用六度萬行的方法，度朋友同登彼岸，而非被朋友拖下水，同在人生苦海裡，以苦爲樂。

（釋常鐸　攝）

48 如何堅持普賢行，難行能行、難忍能忍過難關？

一般人都是厭苦、避苦，想要逃離現實世界，普賢行者則是知苦、耐苦，一心救度衆生離苦，因此能夠難行能行、難忍能忍。

但願衆生得離苦

《華嚴經・十迴向品》說：「不爲自己求安樂，但願衆生得離苦。」聖嚴法師認爲這是菩薩道中最重要的兩句話，也是奉獻自我、消融自我的一種方法。

《華嚴經・入法界品》也有偈說：「若有諸菩薩，不厭生死苦；具足普賢行，一切莫能壞。」《智慧一〇〇》一書解釋本偈內容爲，描述菩薩行者的信願堅貞，難捨能捨，難忍能忍，難行能行。文意爲如果有人發了要學做菩薩的心願，便不該厭離生死之苦，應當學習普賢菩薩，一邊常隨佛學，一邊恆順眾生。不論有多艱難的逆境困擾，也不會讓他退失救度眾生的大菩提心。

自己未度先度人

如同聖嚴法師經常勉勵人說：「菩薩發願，自己未度先度人，就是菩薩初發心——不為自己求安樂，但願眾生得離苦。」如果我們心中能如此恆常憶念眾生，我們所走的每一條道路，都會是菩薩道；所做的每一件事，都會是普賢行。

Question 49

如何做到行住坐臥皆是普賢行？

普賢願海雖然廣大無邊，但只要「善用其心」，生活中的每一刻都可以發願、都可以行動，轉不善心爲善念善願，這就是普賢行願。不過，也正因爲彼此相互依存，相即互入，所以每個「一」就顯得特別重要。

例如曾有網站發起「青年微革命」活動，就是在生活中實踐普賢行願的作法，有人堅持每天撿一百張垃圾、有人發願對一百個人微笑等等，雖然是微不足道的一個小動作，但是在行動的當下，就是成就更美好的世間。

普賢行願的蝴蝶效應

普賢行願就像蝴蝶效應一樣，看似只是起了一念心，影響的卻是整個法界；

也可以說，一切法其實是依賴種種條件而生起存在，沒有人會是個別存在的自我，都是相即互入的。因此，即使我們只是做了一件很小的善事，善行將能如漣漪般擴大影響到全世界。

我們如果能以普賢行來看待自己的生命，看待自己行住坐臥的每個行爲，將會有嶄新的意義。我們選擇所吃的每一餐，選擇所走的每一條路，都不再只是吃飯睡覺過日子而已，而是充滿著覺性，充滿著願力與希望，帶有無邊的影響力。當下一念，以小容大，鋪展開來的就是普賢菩薩「一身周遍十方身」的自在無礙。

時時修行，當下成就

修行只要能掌握因，就能契入果。修行的目的不是要去追求一個外在的佛果，修行的當下就是圓滿的果，而不是離開因再追求果，果一定是在因上，也就是「因該果海，果徹因源」。

因果不相遠離，普賢行願強調的是時時修行，當下成就。因此，在日常生活裡想要成就普賢行，最重要的就是把握當下一念，立即實踐！

Question 50

如何以普賢願海超度人生苦海？

有的人覺得活得很厭世，想要脫離人生苦海，卻生死茫然，不知何去何從？其實，人生可以是苦海，也可以是願海，關鍵在於我們自己的心。

苦海無邊，回頭是岸

聖嚴法師曾於《方外看紅塵》中說：「釋迦牟尼佛出世，是爲人類解決問題來的；耶穌基督出世，也是爲了替世人贖罪，解決世代的罪惡。雖然世界上的問題還沒完全解決，但一代一代的人，如果人人都抱持『出世來解決問題』的心態，人生觀一定是積極的，不會悲觀，每個人活著都擔負重要角色。」

蕅益智旭大師也曾說：「苦海無邊，回頭是岸。一念菩提心，能動無邊生死

（李蓉生　攝）

大海。」普賢行願的「一念菩提心」，不但能幫助我們找到登岸的法船，也能讓所有衆生得以離苦得樂。

轉煩惱心為菩提心

人的種種煩惱是來自於自己的心，爲一己苦樂而患得患失，如果我們能將煩惱心轉爲菩提心，將發現世界變得無比海闊天空。因爲當心量如普賢菩薩一樣寬廣無邊，視所有衆生爲未來佛而禮敬，願爲衆生世世常行菩薩道，人生還有什麼不能承受的苦呢？

如《華嚴經》裡，普賢菩薩說他從發菩提心以來，沒有一念不是依教奉行，沒有一念是生瞋害心，沒有一念是計較分別，沒有一念是遠離菩提心，沒有一念是在生死海中起疲厭心、懶惰心、障礙心、迷惑心，只是一心專注在菩提心上。

普賢菩薩的十大願稱爲「普賢願王」，是所有菩薩願行中最爲尊貴的，因爲每個願都是爲了莊嚴佛國、成就衆生而發，而且每個願都要做到「虛空界盡、衆生界盡、衆生業盡、衆生煩惱盡」，不僅願海重重無盡，普賢菩薩歷經三大阿僧祇劫，隨順不同時空、對象說法教化，難行能行，萬善萬行。因此，可讓衆生成佛的普賢行願，將能轉人生苦海爲普賢願海。

學佛入門Q&A 21

普賢菩薩50問

50 Questions about Samantabhadra Bodhisattva

編著	法鼓文化編輯部
攝影	江思賢、李東陽、李蓉生、李澄鋒、吳瑞恩、倪善慶、梁忠楠、釋常雲、釋常鐸
出版	法鼓文化
總監	釋果賢
總編輯	陳重光
編輯	張晴
美術設計	和悅創意設計有限公司
地址	臺北市北投區公館路186號5樓
電話	(02)2893-4646
傳真	(02)2896-0731
網址	http://www.ddc.com.tw
E-mail	market@ddc.com.tw
讀者服務專線	(02)2896-1600
初版一刷	2019年8月
建議售價	新臺幣160元
郵撥帳號	50013371
戶名	財團法人法鼓山文教基金會—法鼓文化
北美經銷處	紐約東初禪寺 Chan Meditation Center (New York, USA) Tel: (718)592-6593 Fax: (718)592-0717

法鼓文化

國家圖書館出版品預行編目資料

普賢菩薩50問 / 法鼓文化編輯部編著. -- 初版.
-- 臺北市 : 法鼓文化, 2019.08
面； 公分
ISBN 978-957-598-823-4（平裝）

1.普賢菩薩 2.佛教修持

225.82 108009677